LUTHER TO GO

EIN TREFFLICH WORT VON MARTIN LUTHER

AUSWAHL UND ZUSAMMENSTELLUNG:
FRANK SCHUMANN

neues leben

»LUTHER FEGTE NICHT NUR DEN AUGIASSTALL DER KIRCHE, SONDERN AUCH DEN DER DEUTSCHEN SPRACHE AUS, SCHUF DIE MODERNE DEUTSCHE PROSA UND DICHTETE TEXT UND MELODIE JENES SIEGESGEWISSEN CHORALS, DER DIE MARSEILLAISE DES 16. JAHRHUNDERTS WURDE.«

FRIEDRICH ENGELS

WARUM MAN …

WARUM MAN EINEN ARSCH IN DER HOSE HABEN SOLL

DIE WELT IST wie ein trunkner Bauer. Hebt man ihn auf einer Seite in den Sattel, so fällt er zur andern wieder herab. Man kann ihr nicht helfen, man stelle sich, wie man wolle, sie will **DES TEUFELS** sein.

•

Du kannst nicht verhindern, daß ein Vogelschwarm **ÜBER DEINEN KOPF** hinwegfliegt. Aber du kannst verhindern, daß er in deinen Haaren nistet.

•

Denn es ist eine große und ernste Aufgabe, an der Christus und aller Welt viel liegt, **DEM JUNGEN VOLK ZU HELFEN** und ihm zu raten: Wenn man Jahr für Jahr so viel aufwenden muß für Gewehre, Wege, Steige, Dämme und dergleichen unzählige Dinge mehr, damit eine Stadt **FRIEDEN UND RUHE** habe, warum sollte man nicht viel mehr noch oder doch genausoviel für die arme bedürftige Jugend aufwenden, indem man ein oder zwei geeignete Männer als Lehrer einstellt?

•

Wenn ich hier furze, riecht man das in **ROM**.

•

Denn wenn ein Staat stürzt, so stürzen auch seine Gesetze.

•

Ihr könnt predigen, über was ihr wollt, aber predigt **NIEMALS ÜBER VIERZIG MINUTEN**.

•

Denn Gott will keine faulen Müßiggänger haben, sondern man soll treulich und fleißig arbeiten, ein jeglicher nach seinem Beruf und Amt, so will er den Segen und das Gedeihen dazu geben. **DER MENSCH IST ZUR ARBEIT GEBOREN WIE DER VOGEL ZUM FLIEGEN.**

•

Ist je ein Mensch in den Himmel gekommen durch Möncherei, so wäre ich auch hineingekommen. Wenn ich noch länger Mönch geblieben wäre, hätte ich mich **ZU TODE GEMARTERT.**

•

Anstrengungen machen gesund und stark.

•

Die Welt hat nicht einen solchen Ekel an mir, als **MEIN EKEL AN DIESER WELT** ist.

•

Das ist eigentlich **DES GLAUBENS NATUR**, daß er seine Kraft in Furcht, im Tode, in Sünden und allem, was einen Menschen furchtsam und verzagt macht, beweist.

•

HIER STEHE ICH UND KANN NICHT ANDERS, GOTT HELFE MIR, AMEN.

•

Wo **GLAUBE** ist, da ist auch **LACHEN.**

•

Furcht tut nichts Gutes. Darum muß man **FREI UND MUTIG** in allen Dingen sein und feststehen.

•

Bete so, als würde jedes Arbeiten nichts nutzen und arbeite so, als würde jedes Gebet nichts nutzen.

•

Den Menschen dienen, den dankbaren sowohl wie auch denen, die uns nicht danken – **DAS IST EIN MANN.**

•

DIE BOSHEIT IST ÄNGSTLICH darauf bedacht, daß sie unter einem ehrenvollen Titel für Gerechtigkeit und Frömmigkeit gehalten werde.

•

Gut gebetet ist halb studiert.

•

Ein Prediger soll sich nicht wehren. Darum nehm ich kein Messer mit auf die Kanzel, sondern allein **AUF DEN WEG.**

•

Ein Mensch, sonderlich ein Christ, muß ein Kriegsmann sein und **MIT DEN FEINDEN** in Haaren liegen.

•

Friede gilt mehr denn alles Recht, und Friede ist nicht um des Rechtes willen, sondern **RECHT UM DES FRIEDENS WILLEN** gemacht. Darum, wenn ja eines weichen muß, so soll das Recht dem Frieden und nicht der Friede dem Rechte weichen.

•

Gesegnet sei das Leben, darin einer **NICHT SICH, SONDERN SEINEN NÄCHSTEN** liebt und dient.

•

Ihr müßt aber für Gott predigen und **NICHT AUFS URTEIL DER MENSCHEN** sehen.

•

Man kann die Welt nicht nach dem Evangelium regieren, denn das hieße, **DIE WILDEN TIERE LOSBINDEN.**

•

Niemand lasse den **GLAUBEN** daran fahren, daß Gott durch ihn **EINE GROSSE TAT** tun will.

•

Nur wer sich **ENTSCHEIDET**, existiert.

WARUM MAN TOLERANT SEIN SOLL

Jugend ist wie ein Most. Der läßt sich nicht halten. Er muß vergären und überlaufen.

•

Des Menschen **HERZ** ist **WIE QUECKSILBER**, jetzt da, bald anderswo, heute so, morgen anders gesinnt.

•

Ein Weib ist bald genommen, aber sie **STETS** lieb haben, das ist schwer.

•

Bei der Kindererziehung muß der **APFEL** neben der Rute liegen.

•

Anmaßung ist der **KOPF DER SCHLANGE.**

•

Ein williges Pferd soll man nicht zuviel reiten.

•

Wenn ein **FREUND** stirbt, klingen die Glocken anders als sonst.

•

Wer an seinem Nächsten vorübergeht, der geht auch an Gott vorüber.

•

WORAN DU DEIN HERZ HÄNGST und worauf du dich verläßt, das ist auch dein Gott.

•

Wo Gottes **WORT** nicht mehr gepredigt wird, wird das Volk wild.

•

Rechte Demut weiß nimmer, daß sie demütig ist. Denn wo sie es wüßte, so würde sie hochmütig.

•

DIE BIBELÜBERSETZUNG IST EINE **GROẞE MÜHE**. WIR HABEN VIEL ÖL DABEI VERBRAUCHT. ES WERDEN ABER ETLICHE SEIN, DIE ES WERDEN BESSER WOLLEN WISSEN DENN WIR, ABER NICHT BESSER MACHEN. SIE WERDEN MICH **BEI EINEM WORT FASSEN** WOLLEN, WO ICH ES UMGEKEHRT BEI HUNDERT KÖNNTE, WENN SIE SELBST ÜBERSETZTEN.

Christen, die beten, sind wie **SÄULEN**, die das **DACH DER WELT** tragen.

•

Darum hat uns Gott die Gemeinde gegeben, damit wir **NICHT ALLEIN** sind **IM KAMPF GEGEN DEN TEUFEL.**

•

Das Reich Christi besteht aus solchen, die da **TRAGEN, UND** aus solchen, die da **GETRAGEN WERDEN.**

•

Das Wort Gottes ist eine Speise; wer sie ißt, den hungert **IMMER MEHR** danach.

•

Niemand bittet gründlich, der noch nie gründlich erschrokken ist.

•

Ein Vater schilt, straft und stäubt **SEIN KIND** und ist ihm doch nicht feind; der ist ihm aber feind, der seiner Bosheit schweigt und nicht schilt noch straft.

•

WIR DEUTSCHEN SIND EIN WILDES, ROHES UND TOBENDES VOLK, mit dem nicht leicht etwas anzufangen ist, es treibe denn die höchste Not.

•

Den **FRIEDEN** kauft man nie teuer, denn er bringt dem, der ihn kauft, großen Nutzen.

•

WAS KÖNNEN WIR GUTES an den Juden **SCHAFFEN, WENN WIR SIE NUR MIT GEWALT BEHANDELN**, ihnen übles nachsagen und sie für Hunde halten? Wenn man ihnen verbietet zu arbeiten und sie zum Wucher treibt – wie sollte sie das bessern? Man muß nicht des Papsts, sondern christlicher Liebe Gesetz an ihnen üben. Ob etliche halsstarrig sind, was liegt daran? **SIND WIR DOCH AUCH NICHT ALLE GUTE CHRISTEN!**

•

Die Heilige Schrift ist ein Fluß, in dem ein Elefant schwimmen muß und ein Lamm gehen kann.

•

Ein Christ ist ein solcher Mensch, der gar keinen Haß noch Feindschaft wider jemand weiß, **KEINEN ZORN NOCH RACHE IN SEINEM HERZEN** hat, sondern eitel Liebe, Sanftmut und Wohltat.

•

Ein Prediger darf sich nicht in staatliche Dinge einmischen.

•

EINEN TRAURIGEN, VERZAGTEN MENSCHEN FRÖHLICH ZU MACHEN, ist mehr, als ein Königreich zu erobern.

•

Es ist **KEIN DING SO GUT, KEINS SO BÖSE**, daß es mir nicht zum Guten dienen muß, wenn ich glaube.

•

Die Werke für den Nächsten, der Glaube für Gott.

•

Es ist **KEIN MENSCH SO BÖSE**, daß **NICHT ETWAS AN IHM ZU LOBEN** wäre.

•

Friede, wenn möglich, aber die **WAHRHEIT** um jeden **PREIS!**

•

Vollkommen sein heißt, Gott fürchten und lieben und dem Nächsten **GUTES** tun.

•

Je tiefer man die Schöpfung erkennt, umso **GRÖßERE WUNDER** entdeckt man in ihr.

•

Jeder Abel hat seinen Kain.

•

Im Leben sollte man sich mit dem Gedanken an den Tod beschäftigen und ihn vor sich treten heißen, solange er noch ferne ist und uns noch nicht bedrängt.

•

MIT DER ERBSÜNDE NACH DER TAUFE VERHÄLT ES SICH EBENSO WIE MIT EINER WUNDE, DIE ZU HEILEN BEGINNT. ES IST ZWAR IN WIRKLICHKEIT EINE WUNDE, ABER EINE, DIE HEILT UND FORTLAUFEND **DEN VORGANG DER HEILUNG** DURCHMACHT, JEDOCH IMMER NOCH EITERT UND SCHMERZT.

WARUM MAN DAS LEBEN GENIEẞEN SOLL

Will die Frau nicht, so komm’ die Magd!

•

Die **JUGEND SOLL NICHT TRAURIG SEIN,** sondern heiter und fröhlich. Junge Menschen sollen voll Frohsinn sein.

•

Singen ist eine edle Kunst und Übung.

•

LUSTIGE ABENDGESELLSCHAFTEN machen **TRAURIGE MORGEN.**

•

Ein **RAUSCH** ist zu ertragen, die **TRUNKENHEIT** aber nicht.

•

ICH SITZE HIER UND TRINKE mein gutes Wittenbergisch Bier und das Reich Gottes kommt von ganz alleine.

•

Warum rülpset und ferzet ihr nicht? Hat es euch nicht schmecket?

•

Wie ein Schuster einen Schuh machet und ein Schneider einen Rock, also soll ein Christ beten.

•

Wir haben mehr **URSACHEN, UNS ZU FREUEN,** als traurig zu sein, denn wir hoffen auf Gott.

•

WER TREULICH ARBEITET, DER BETET ZWIEFÄLTIG. AUS DEM GRUNDE, DAß EIN GLÄUBIGER MENSCH **IN SEINER ARBEIT** GOTT FÜRCHTET UND EHRET UND AN SEINE GEBOTE DENKT.

Auf böse und traurig Gedanken gehören ein gutes, **FRÖHLICHES LIED UND FREUNDLICHE GESPRÄCHE.**

•

Die Musik ist die beste Gottesgabe – und dem Satan sehr verhaßt.

•

Wer nicht liebt **WEIN, WEIB UND GESANG** bleibt ein Narr sein Leben lang.

•

Wirf dein Anliegen auf den Herrn. Der hat einen breiten Hals und kann es wohl tragen.

•

Dem bösen Geist ist nicht wohl dabei, wenn man Worte Gottes im rechten Glauben singt oder predigt; er kann nicht **BLEIBEN, WO EIN HERZ GEISTLICH FRÖHLICH** ist!

•

Wenn du wenig zu tun hast, dann bete eine Stunde; wenn du viel zu tun hast, zwei Stunden.

•

Für die **TOTEN WEIN**, für die **LEBENDEN WASSER** – das ist eine **VORSCHRIFT FÜR FISCHE.**

•

Bier Ist Menschenwerk, **WEIN** aber **IST VON GOTT!**

•

Unser **DEUTSCHER TEUFEL** muß ein guter Weinschlauch sein und muß Sauf heißen.

•

Bei uns ist alle Tage Ostern, nur daß man einmal im Jahr Ostern feiert.

•

GESCHIEHT NICHT, WAS WIR WOLLEN, SO GESCHIEHT, WAS BESSER IST.

•

Die Freude ist der Doktorhut des Glaubens.

•

Der innerliche Mensch ist mit Gott eins, fröhlich und lustig um Christi willen, der ihm soviel getan hat.

•

Das Leben ist nicht ein Frommsein, sondern ein Frommwerden, nicht ein Gesundsein, sondern ein **GESUNDWERDEN.**

•

DIE GANZE WELT IST VOLLER WUNDER.

•

Ein Schluck Wasser oder Bier vertreibt den Durst, ein Stück Brot den Hunger, Christus vertreibt den Tod.

•

Eine der schönsten und herrlichsten Gaben Gottes ist die **MUSIK**, damit man viel Anfechtung und **BÖSE GEDANKEN VERTREIBT.**

•

Strafe haßt man, aber die Sünde liebt man.

•

Die Barmherzigkeit Gottes ist wie der **HIMMEL**, der stets über uns fest bleibt. Unter diesem Dach sind wir sicher, wo auch immer wir sind.

•

Die Sünde hat nur zwei Orte, wo sie ist. Entweder ist sie bei dir, daß sie dir auf dem Halse liegt, oder sie liegt auf Christus, dem Lamm Gottes. Wenn sie nun dir auf dem Rücken liegt, so bist du verloren; wenn sie aber auf Christus ruhet, **SO BIST DU FREI** und wirst selig. Nun greife zu, welches du willst.

•

Man kann Gott **NICHT ALLEIN MIT ARBEIT** dienen, sondern **AUCH MIT FEIERN UND RUHEN.**

•

Gott ist ein solcher Meister, daß, was uns will hindern und schaden, das muß uns fördern und nützen, was uns will töten, das muß uns zum Leben dienen.

•

GOTT WILL, DAß WIR FRÖHLICH SEIEN, UND HAßT DIE TRAURIGKEIT. DENN WENN ER WOLLTE, DAß WIR TRAURIG SEIN SOLLTEN, GÄBE ER NICHT DIE SONNE, MOND UND DIE FRÜCHTE DER ERDE, GÄBE ER FINSTERNIS, LIEßE NICHT MEHR DIE SONNE AUFGEHEN UND DEN SOMMER ZURÜCKKEHREN.

WARUM MAN NICHT DER WERBUNG FOLGEN SOLL

Die Arznei macht kranke, die Mathematik traurige und die Theologie sündhafte Leute.

•

Die Lüge ist wie ein Schneeball: Je länger man sie fortwälzt, je **GRÖßER** wird sie.

•

Die Berge gehen schwanger und wird eine Maus draus.

•

Es ist gar **NICHT EINMAL AUSGEMACHT, OB WIRKLICH ALLE SEELEN AUS DEM FEGEFEUER HERAUSWOLLEN.** Die wahre Reue sucht die Strafe.

•

Wer mag alle leichtfertigen und abergläubischen Dinge erzählen, welche die Weiber treiben. Es ist Ihnen von der Mutter Eva angeboren, daß sie sich äffen und trügen lassen.

•

Das ist Gottes Werk und Kunst, daß er böse Sachen gut machen kann, wenn wir es verderbt und verwahrlost haben. Gott pflegt **AUS NICHTS ALLES ZU MACHEN**.

•

Die Heilige Schrift ist die einzige Quelle des Glaubens.

•

Ein menschlich Herz ist wie **EIN SCHIFF AUF EINEM WILDEN MEER**, welches die Sturmwinde von den vier Orten der Welt treiben.

•

Die Wege Gottes sind wie ein hebräisches **BUCH**, das man nur von hinten lesen kann.

•

Jeder handle so, als wenn Gott durch ihn **EINE GROßE TAT** will.

•

Wenn ich wüsste, dass morgen **DIE WELT** unterginge, **WÜRDE** ich heute noch ein **APFELBÄUMCHEN PFLANZEN.**

•

Es kostet hundertmal mehr, eine Lüge zu bestätigen als die **WAHRHEIT**.

•

Der ersparte Pfennig ist redlicher als der erworbene.

•

Die Bibel ist nicht antik, auch nicht modern, sie **IST EWIG**.

•

Die Lehre, daß man kirchliche Bußstrafen in Strafen des Fegefeuers umwandeln könne, ist **EIN UNKRAUT, DAS AUGENSCHEINLICH GESÄT WURDE**, als die Bischöfe schliefen.

•

Der Glaube ist **DER ANFANG** aller guten Werke.

•

Gott will nicht, daß man nicht Geld und Gut haben und nehmen soll, oder daß man es, wenn man's hat, wegwerfen solle, wie **ETLICHE NARREN UNTER DEN PHILOSOPHEN** und tolle Heilige unter den Christen gelehrt und getan haben.

•

Liebe Deutsche, kauft, solange der Markt vor der Türe ist, sammelt ein, **SOLANGE SONNENSCHEIN UND GUT WETTER IST**, braucht Gottes Gnade und Wort, solange es da ist! Denn das sollt ihr wissen: Gottes Wort und Gnade ist ein fahrender Platzregen, der nicht wieder dahin kommt, wo er einmal gewesen ist. Drum greift zu und haltet fest, wer greifen und halten kann! Faule Hände müssen ein böses Jahr haben.

•

Was soll Gott mit uns machen? **GUTE TAGE KÖNNEN WIR NICHT TRAGEN, BÖSE KÖNNEN WIR NICHT LEIDEN.** Gibt er Ehr, Reichtum, so stolzieren wir, gibt er Armut, so verzagen wir.

•

Das ist Gottes Werk und Kunst, daß er böse Sachen gut machen kann, wenn wir es verderbt und verwahrlost haben. Gott pflegt **AUS NICHTS ALLES ZU MACHEN.**

•

Die Heilige Schrift ist ein wunderbares Kräutlein, je mehr du es reibst, desto mehr duftet es.

•

ICH FÜRCHTE NICHTS, WEIL ICH NICHTS HABE.

•

Je weniger Wort, je besser Gebet. Je mehr Wort, je ärger Gebet.

•

Jede Lehre, die nicht mit der Schrift vereinbar ist, ist abzulehnen, und sollte es jeden Tag Wunder schneien.

•

Man kann den Leuten in einer Viertelstunde **WEIT MEHR** predigen, als sie in zehn Jahren tun werden.

•

Reichtum ist das geringste Ding auf Erden und die allerkleinste Gabe, die Gott dem Menschen geben kann. Darum gibt unser Herrgott gemeiniglich **REICHTUM DEN GROBEN ESELN, DENEN ER SONST NICHTS GÖNNT.**

•

Wenn du am Abend schlafen gehst, so nimm noch etwas aus der Heiligen Schrift mit dir zu Bett, um es im Herzen zu erwägen und es – gleich wie ein Tier – wiederzukäuen und damit sanft einzuschlafen. Es soll aber nicht viel sein, eher ganz wenig, aber gut durchdacht und verstanden. Und wenn du am Morgen aufstehst, sollst du es als den **ERTRAG DES GESTRIGEN TAGES** vorfinden.

WARUM MAN SEX HABEN SOLL

Darum hat die Maid ihr Punzlein, daß es dem Manne ein **HEILMITTEL** bringe.

•

Nun ja, die Ehe ist Heilmittel gegen geschlechtliche **ZÜGELLOSIGKEIT** und Hurerei.

•

DIE WELT KANN DIE FRAUEN NICHT ENTBEHREN, selbst wenn die Männer allein die Kinder bekämen.

•

Christus, da er den Menschen ziehen wollte, mußte Mensch werden. Sollen wir Kinder ziehen, so **MÜSSEN WIR AUCH KINDER MIT IHNEN WERDEN.**

•

Gott ist es, der in euch wirket beides, **DAS WOLLEN UND DAS VOLLBRINGEN**, nach seinem Wohlgefallen.

•

Ich habe den **WUNSCH MEINES VATERS** nach Nachkommen erfüllen wollen.

•

Die größte Ehre, die das Weib hat, ist allzumal, daß die Männer **DURCH SIE GEBOREN** werden.

•

O, wie wohl steht's, wenn Eheleute miteinander **ZU TISCH UND BETT** gehen: Ob sie gleich zuweilen **SCHNURREN UND MURREN**, das muß nicht schaden; es geht in der Ehe nicht allzeit schnurgleich zu.

•

Ich war nicht verliebt und nicht in Leidenschaft, aber **ICH LIEBTE** meine Frau.

•

In der Woche zwier, schadet weder ihm noch ihr.

•

GLAUBE OHNE LIEBE IST NICHTS WERT.

•

Glück betört mehr Leute als Unglück.

•

Mit jedem Kind, das dir begegnet, **ERTAPPST DU GOTT AUF FRISCHER TAT.**

•

Wenn man **DAS ENDE NICHT SIEHT**, so ist alles Leiden unerträglich.

•

Wer in den Ehestand geht, der geht in ein Kloster, das voller Anfechtung ist.

•

Ehe ist Arznei für Hurerei.

•

NACHFOLGE **MACHT UNS** NICHT ZU SÖHNEN, SONDERN WEIL WIR SÖHNE SIND, WERDEN WIR ZU NACHFOLGERN.

WARUM MAN KRITISCH UND SELBSTKRITISCH SEIN SOLL

Pfaffen sollen beten und nicht regieren.

•

Aus einem **VERZAGTEN ARSCH** kommt kein fröhlicher Furz.

•

Wenn wir alt werden, so beginnen wir zu disputieren, wollen klug sein **UND DOCH SIND WIR DIE GRÖßTEN NARREN.**

•

Man muss die Christen ermahnen, ihrem Haupte Christus durch **STRAFEN, TOD UND HÖLLE** nachzufolgen.

•

Es ist gewiß, daß sobald Geld im Kasten erklingt, auch Geldgier und Gewinnsucht vermehrt werden.

•

Prediger sind die größten Totschläger ... Ich, Martin Luther, hab im Aufruhr alle Bauern erschlagen, denn ich hab sie heißen totschlagen – **ALL IHR BLUT** ist auf meinem Hals.

•

Armut ist in der **STADT** groß, aber die Faulheit viel größer.

•

Denn **EIN HERZ VOLL FREUDE** sieht alles fröhlich an, **EIN HERZ VOLL TRÜBSAL** alles trübe.

•

Wer **MIT DEM GEIST DER TRAURIGKEIT GEPLAGT** wird, der soll aufs höchste sich hüten und vorsehen, daß er nicht allein sei.

•

ACHTE DICH klein, sei mit niemand arg gemein, so wirst du wohlgelitten sein.

•

Tritt frisch auf! **TU'S MAUL AUF!** Hör bald auf!

•

Gute Werke sind des Glaubens Siegel und Prob; denn gleich wie die Briefe müssen ein Siegel haben, damit sie bekräftigt werden, also muß der Glaube auch gute Werke haben.

•

Der Mensch weiß am wenigsten von der Demut, wenn er wahrhaftig demütig ist.

•

Der Obrigkeit soll man nicht mit Gewalt widerstehen, sondern nur mit dem **BEKENNTNIS DER WAHRHEIT**; kehret sie sich dran, ist's gut; wo nicht, so bist du entschuldigt und leidest Unrecht um Gottes Willen.

•

Ich weiß drei böse Hunde: **UNDANKBARKEIT, STOLZ, NEID**. Wen die drei Hunde beißen, der ist sehr übel gebissen.

•

Es ist besser, **ALLE ZEIT** in Gottes Furcht zu leben, als daß man sich abquält in Furcht mit den zukünftigen Dingen.

•

Anfechtungen sind **UMARMUNGEN GOTTES**.

•

Ich hab nun 28 Jahr, seit ich Doktor geworden bin, stetig in der Biblia gelesen und daraus gepredigt, doch bin ich ihrer nicht mächtig und find' noch **ALLE TAGE ETWAS NEUES** drinnen.

•

Die Tat legt das Wort recht aus.

•

Christum predigen ist gar ein schwer und gefährlich Amt. Hätt' ich's etwan gewußt, so wollt ich mich nimmermehr dazu hergegeben haben, sondern gesagt mit Mose: **SENDE, WEN DU WILLST!**

•

Die Leute wollen nicht fromm werden, spricht Gott; so muß ich den Teufel an sie schicken, der sie plagt mit dem Gesetze.

•

Die rechte, wahre Kirche ist gar ein kleines Häuflein, hat kein oder gar wenig Ansehn, liegt **UNTER DEM KREUZE**. Aber die falsche Kirche ist prächtig, blühet und hat ein schön groß Ansehen wie Sodom.

•

Ein Christ soll **WENIG WORT UND VIEL TAT** machen.

•

Ein christliches Leben ist nichts anderes als eine tägliche Taufe – einmal angefangen und immer darin gegangen.

•

Geld, Güter, Land und Leute **HABEN IST AN SICH SELBST NICHT UNRECHT**, sondern Gottes Gabe und Ordnung.

•

Gesetz ist, **WAS WIR TUN SOLLEN**; Evangelium aber, was Gott geben will.

•

Drei Dinge machen einen Theologen: die Meditation, das Gebet und die Anfechtung.

•

Gott wird durch Krankheit oft mehr verherrlicht als durch die Gesundheit.

•

Herr, ich bin ein Sünder. **AUS EIGNER KRAFT** kann ich mir nicht helfen. Darum komme ich zu dir: Hilf du mir!

•

Mein Gewissen ist gefangen in Gottes Wort.

•

Zu der brüderlichen Vergebung gehört auch, daß der Bruder, dem ich vergeben soll, seine Fehler bekenne; denn die Sünde, welche nicht bekannt wird, kann ich nicht vergeben.

•

NICHTS WIRD LANGSAMER VERGESSEN ALS EINE BELEIDIGUNG UND NICHTS EHER ALS EINE WOHLTAT.

•

Wenn du nicht dazu berufen bist, dann meide das Predigen **WIE DIE HÖLLE**.

•

Deutschland mußte vom Papismus **BEFREIT WERDEN**, aber das war Sache der Fürsten. Für das Volk gilt: »Darum hab acht auf die Obrigkeit ...«

•

Zu glauben, daß Christus für die Menschen gestorben sei, nützt gar nichts, wenn man nicht glaubt, **EINER VON DIESEN** zu sein.

•

WAS DER MENSCH LIEBT, DAS IST SEIN GOTT. DENN ER TRÄGT ES IN SEINEM HERZEN, ER BEWEGT ES TAG UND NACHT IN SICH, **ER SCHLÄFT MIT IHM EIN UND WACHT MIT IHM AUF**, ES SEI, WAS ES SEI, REICHTUM ODER GELD, VERGNÜGEN ODER EHRE.

WARUM MAN DEUTSCH REDEN SOLL

Mein Lieber, jetzt wo es verdeutscht und fertig ist, kanns ein jeder lesen und meistern. Jetzt läuft einer mit den Augen durch drei, vier Blätter hindurch, und stößt nicht einmal an; wird aber nicht gewahr, **WELCHE STEINE UND KLÖTZE DA GELEGEN HABEN**. Wo er jetzt drüber hingeht wie über ein gehobeltes Brett, da haben wir schwitzen und uns ängstigen müssen, ehe wir denn solche Steine und Klötze aus dem Wege räumten, auf daß man so fein dahergehen könnte. **ES IST GUT PFLÜGEN, WENN DER ACKER GEREINIGT IST; ABER DEN WALD UND DIE WURZELSTÖCKE AUSRODEN UND DEN ACKER ZURICHTEN, DA WILL NIEMAND HERAN.** Es ist bei der Welt kein Dank zu verdienen.

•

Ich erscheine gehorsam zu dem Zeitpunkt, der mir gestern abend bestimmt worden ist, und bitte die allergnädigste Majestät und die durchlauchtigsten Fürsten und Herren um Gottes Barmherzigkeit willen, sie möchten meine Sache, die hoffe ich, **GERECHT UND WAHRHAFTIG** ist, in Gnaden anhören. Und wenn ich aus Unkenntnis irgend jemand nicht in der richtigen Form anreden oder sonst in irgendeiner Weise gegen höfischen Brauch und Benehmen verstoßen sollte, so bitte ich, mir dies freundlich zu verzeihen; denn ich bin nicht bei Hofe, sondern im engen mönchischen Winkel aufgewachsen und kann von mir nur dies sagen, daß ich bis auf diesen Tag mit meinen Lehren und Schriften einzig Gottes Ruhm und die redliche Unterweisung der Christen einfältigen Herzens erstrebt habe.

•

DIE ZWEITE GRUPPE (MEINER SCHRIFTEN) GREIFT DAS PAPSTTUM UND DIE TATEN SEINER ANHÄNGER AN, WEIL IHRE LEHREN UND **IHR SCHLECHTES BEISPIEL** DIE GANZE CHRISTENHEIT SOWOHL GEISTLICH WIE LEIBLICH VERSTÖRT HAT. DAS **KANN NIEMAND LEUGNEN ODER ÜBERSEHEN WOLLEN.** DENN JEDERMANN MACHT DIE ERFAHRUNG, UND DIE ALLGEMEINE UNZUFRIEDENHEIT KANN ES BEZEUGEN, DAß

PÄPSTLICHE GESETZE UND MENSCHENLEHREN DIE GEWISSEN DER GLÄUBIGEN AUFS JÄMMERLICHSTE VERSTRICKT, BESCHWERT UND GEQUÄLT HABEN, DAß ABER DIE UNGLAUBLICHE TYRANNEI AUCH HAB UND GUT VERSCHLUNGEN HAT UND FORT UND FORT AUF EMPÖRENDE WEISE WEITER VERSCHLINGT, GANZ BESONDERS IN UNSERER HOCHBERÜHMTEN DEUTSCHEN NATION.

Wollte ich also diese Bücher widerrufen, so würde ich die Tyrannei damit geradezu kräftigen und stützen, ich würde **DIESER GOTTLOSIGKEIT FÜR IHR ZERSTÖRUNGS-WERK** nicht mehr ein kleines Fenster, sondern **TÜR UND TOR AUFTUN**, weiter und bequemer, als sie es bisher je vermocht hat. So würde mein Widerruf ihrer grenzenlosen, schamlosen Bosheit zugute kommen, und ihre Herrschaft würde das arme Volk noch unerträglicher bedrücken, und nun erst recht gesichert und gegründet sein, und das um so mehr, als man prahlen wird, ich hätte das auf Wunsch Eurer allergnädigsten Majestät getan und des ganzen Römischen Reiches. Guter Gott, wie würde ich da **ALLER BOSHEIT UND TYRANNEI ZUR DECKUNG DIENEN!**

•

Es heißt: **WER AM WEGE BAUET, DER HAT VIELE MEISTER.** Also gehet mir's auch. Diejenigen, die noch nie haben recht reden können, schweige denn dolmetschen, die sind allzumal meine Meister, und ich muß ihr aller Jünger sein. Und wenn ich sie hätte fragen sollen, wie man die ersten zwei Worte Matthäus 1 »Liber generationis« solle verdeutschen, so hätte ihrer keiner gewußt, gack dazu zu sagen. Und sie urteilen mir nun das ganze Werk, die feinen Gesellen. Also ging es St. Hieronymus auch, da er die Biblia dolmetscht, **DA WAR ALLE WELT SEIN MEISTER.** Er allein war es, der nichts konnte, und urteileten dem guten Mann sein Werk diejenigen, so ihm nicht genug gewest wären, daß sie ihm die Schuh hätten sollen wischen. Darum gehöret große Geduld dazu, so jemand etwas öffentlich Gutes tun will, denn die Welt will Meister Klüglin bleiben und muß immer das Roß unter dem Schwanz zäumen, alles meistern und selbst nichts können. Das ist ihre Art, davon sie nicht lassen kann.

•

Zum ersten, wenn ich, D. Luther, mich hätte mögen des versehen, daß die Papisten alle auf einen Haufen so geschickt wären, daß sie ein Kapitel in der Schrift könnten recht und gut verdeutschen, so wollt ich fürwahr mich der Demut haben finden lassen und sie um Hilf und Beistand gebeten haben, das Neue Testament zu verdeutschen. Aber dieweil ich gewußt und noch vor Augen sehe, daß ihrer keiner recht weiß, wie man dolmetschen oder deutsch reden soll, hab ich sie und mich solcher Mühe überhoben. Das merkt man aber wohl, daß sie aus meinem Dolmetschen und Deutsch deutsch reden und schreiben lernen und **STEHLEN MIR ALSO MEINE SPRACHE,** davon sie zuvor wenig gewußt, **DANKEN MIR ABER NICHT DAFÜR, SONDERN BRAUCHEN SIE VIEL LIEBER WIDER MICH.** Aber ich gönne es ihnen wohl; denn es tut mir doch sanft, daß ich auch meine undankbaren Jünger, dazu meine Feinde, reden gelehrt habe.

•

Zum andern mögt Ihr sagen, daß ich das Neue Testament verdeutscht habe, auf mein bestes Vermögen und auf mein Gewissen, habe damit niemand gezwungen, daß er's lese, sondern freigelassen und allein zu Dienst getan denen, die es nicht besser machen können, ist niemand verboten, ein besseres zu machen. **WER'S NICHT LESEN WILL, DER LASS ES LIEGEN.** Ich bitte und preise niemand darum. Es ist mein Testament und mein Dolmetschung – und soll mein bleiben und sein. Hab ich drinnen etwa fehlgegriffen – dessen ich mir noch nicht bewußt bin, wie ich freilich ungern auch nur einen Buchstaben mutwilliglich wollt unrecht verdolmetschen –, darüber will ich die Papisten nicht zu Richtern leiden, denn sie haben zur Zeit zu lange Ohren dazu, und ihr iha iha ist zu schwach, mein Verdolmetschen zu beurteilen. Ich weiß wohl, und sie wissen's weniger denn des Müllers Tier, was für Kunst, Fleiß, Vernunft, Verstand zum guten Übersetzer gehöret; denn sie haben's nicht versucht.

•

Ich wollt noch gern den Papisten ansehen, der sich hervortäte und etwa einen Brief des Paulus oder einen Propheten verdeutschte, sofern er des Luthers Deutsch und Dolmetschen nicht dazu gebraucht. Da sollt man sehen ein fein, schön, löblich Deutsch oder Dolmetschen, denn wir haben ja gesehen den Sudler zu Dresden gesehen, der mein Neues Testament gemeistert hat – ich will seinen Namen in meinen Büchern nicht mehr nennen; so hat er auch nun seinen Richter, und ist sonst wohl bekannt –, der bekennet, daß mein Deutsch süße und gut sei, und sahe wohl, daß er's nicht besser machen konnt, und wollte es doch zuschanden machen, fuhr zu und nahm sich mein Neues Testament vor, **FAST WORT FÜR WORT, WIE ICHS GEMACHT HABE**, tät meine Vorrede, Anmerkungen und Namen davon, schrieb seinen Namen, Vorrede und Anmerkungen dazu, verkaufte so mein Neues Testament unter seinem Namen. Ei, liebe Kinder, wie geschah mir da so wehe, da sein Landesfürst mit einer greulichen Vorrede verdammt und verbot, des Luthers Neues Testament zu lesen, doch daneben gebot, des Sudlers Neues Testament zu lesen, welches doch eben dasselbe ist, das der Luther gemacht hat!

•

Denn es sind solche unverschämte Tröpfe unter ihnen, die auch ihre eigene, der Sophisten, Kunst nie gelernt haben, wie Doktor Schmied und Doktor Rotzlöffel und seinegleichen: und stellen sich gleichwohl wider mich in dieser Sache, die nicht allein über die Sophisterei, sondern auch (wie Sankt Paulus sagt) über aller Welt Weisheit und Vernunft ist. Allerdings **BRAUCHT EIN ESEL NICHT VIEL ZU SINGEN, MAN ERKENNT IHN OHNEHIN SCHON AN DEN OHREN.**

•

DENN MAN MUẞ NICHT DIE BUCHSTABEN IN DER LATEINISCHEN SPRACHE FRAGEN, WIE MAN SOLL DEUTSCH REDEN, WIE DIESE ESEL TUN; SONDERN MAN MUẞ DIE MUTTER IM HAUSE, DIE KINDER AUF DER GASSE, DEN GEMEINEN MANN AUF DEM MARKT DRUM FRAGEN UND **DENSELBIGEN AUF DAS MAUL SEHEN, WIE SIE REDEN,** UND DARNACH DOLMETSCHEN, **SO VERSTEHEN-SIE ES DENN**, UND MERKEN, DAẞ MAN DEUTSCH MIT IHNEN REDET.

Wie Paulus **WIDER SEINE TOLLEN HEILIGEN** sich rühmet, so will ich mich auch **WIDER DIESE MEINE ESEL** rühmen. Sie sind Doktoren? Ich auch. Sie sind gelehrt? Ich auch. Sie sind Prediger? Ich auch. Sie sind Theologen? Ich auch. Sie sind Disputatoren? Ich auch. Sie sind Philosophen? Ich auch. Sie sind Dialektiker? Ich auch. Sie halten Vorlesungen? Ich auch. Sie schreiben Bücher? Ich auch. Und will weiter rühmen: Ich kann Psalmen und Propheten auslegen; das können sie nicht. Ich kann übersetzen; das können sie nicht. Ich kann die Heilige Schrift lesen; das können sie nicht. Ich kann beten; das können sie nicht. Und daß ich mich zu ihnen herablasse: ich kann ihre eigene Dialektik und Philosophie besser als sie selbst allesamt. Und weiß dazu fürwahr, daß ihrer keiner ihren Aristoteles verstehet.

•

Zum Beispiel wenn Christus spricht: »Ex abundantia cordis os loquitur.« Wenn ich den Eseln folgen soll, die werden mir die Buchstaben vorlegen und so übersetzen: »Aus dem Überfluß des Herzens redet der Mund.« **SAGE MIR, IST DAS DEUTSCH GEREDET?** Welcher Deutsche verstehet solches? Was ist »Überfluß des Herzens« für ein Ding? Das kann kein Deutscher sagen, er wollt denn sagen, es sei, daß einer ein allzu großes Herz habe oder zu viel Herzens habe, wiewohl das auch noch nicht recht ist, denn »Überfluß des Herzens« ist kein Deutsch; so wenig wie das Deutsch ist: »Überfluß des Hauses«, **»ÜBERFLUß DES KACHELOFENS«**, »Überfluß der Bank«. Sondern also redet die Mutter im Haus und der gemeine Mann: »Wes das Herz voll ist, des gehet der Mund über.« Das heißt gut deutsch geredet, dessen ich mich befleißigt, aber leider nicht allwege erreicht noch getroffen habe. Denn die lateinischen Buchstaben hindern über alle Maßen, gutes Deutsch zu reden.

•

Weil denn Eure allergnädigste Majestät und fürstlichen Gnaden **EINE EINFACHE ANTWORT** verlangen, will ich sie ohne Spitzfindigkeiten und unverfänglich erteilen, nämlich so: Wenn ich nicht mit Zeugnissen der Schrift oder mit offenbaren Vernunftgründen besiegt werde, so bleibe ich von den Schriftstellen besiegt, die ich angeführt habe, und mein Gewissen bleibt gefangen in Gottes Wort. Denn ich glaube weder dem Papst noch den Konzilien allein, weil es offenkundig ist, daß sie öfters geirrt und sich selbst widersprochen haben. Widerrufen kann und will ich nichts, **WEIL ES WEDER SICHER NOCH GERATEN IST, ETWAS GEGEN SEIN GEWISSEN ZU TUN.**
Gott helfe mir, Amen.

•

Ich will es nicht wehren, daß sie verdeutschen, was sie wollen. Ich will aber auch verdeutschen, nicht wie sie wollen, sondern wie ich will. Wer es nicht haben will, der laß mir's stehen und behalte seine Meisterschaft bei sich; denn ich will sie weder sehen noch hören. Sie brauchen für mein Dolmetschen nicht die Verantwortung zu übernehmen noch Rechenschaft abzulegen. Das hörest du wohl, ich will sagen: »Du holdselige Maria«, »du liebe Maria«; und laß sie sagen: »du voll Gnaden Maria«. **WER DEUTSCH KANN, DER WEIß WOHL, WELCH EIN HERZLICH FEINES WORT DAS IST: DIE LIEBE MARIA, DER LIEBE GOTT, DER LIEBE KAISER, DER LIEBE FÜRST, DER LIEBE MANN, DAS LIEBE KIND.** Und ich weiß nicht, ob man das Wort »liebe« auch so herzlich und sinnentsprechend in lateinischer oder in andern Sprachen ausdrücken kann, **DAß ES SO INS HERZ DRINGE UND KLINGE, DURCH ALLE SINNE, WIE ES DAS IN UNSERER SPRACHE TUT.**

•

SOLLTE ICH FÜR ALLE WORTE IN MEINER ÜBERSETZUNG DIE URSACHEN UND GEDANKEN ANZEIGEN, MÜẞTE ICH WOHL EIN JAHR DARAN ZU SCHREIBEN HABEN. **WAS ÜBERSETZEN FÜR KUNST UND MÜHE SEI, DAS HABE ICH WOHL ERFAHREN**; DARUM WILL ICH KEINEN PAPSTESEL NOCH MAULESEL, DIE NICHTS VERSUCHT HABEN, HIERIN ZUM RICHTER ODER TADLER LEIDEN. WER MEIN DOLMETSCHEN NICHT WILL,

DER LAß ES BEISEITE; **DER TEUFEL** DANKE IHM, WER ES UNGERNE HAT, ODER ES OHNE MEINEN WILLEN UND WISSEN SCHULMEISTERT. SOLL'S GESCHULMEISTERT WERDEN, SO WILL ICH'S SELBER TUN; WO ICH'S SELBER NICHT TUE, DA LASSE MAN MIR MEIN DOLMETSCHEN IN FRIEDEN, UND MACHE EIN JEGLICHER, WAS ER WILL, FÜR SICH SELBST UND **HABE EIN GUTES JAHR.**

DER 46. PSALM

1. Ein **FESTE BURG** ist unser Gott,
Ein gute Wehr und Waffen.
Er hilft uns **FREI AUS ALLER NOT**,
Die uns jetzt hat betroffen.
Der alt böse Feind
Mit Ernst ers jetzt meint,
Groß Macht und viel List
Sein grausam Rüstung ist.
Auf Erd ist nicht seinsgleichen.

2. Mit unsrer Macht ist nichts getan.
Wir sind gar bald verloren.
Es streit für uns der rechte Mann,
Den Gott hat selbst erkoren.
Fragst du, wer der ist?
Er heißt Jesu Christ,
Der Herr Zebaoth,
Und ist kein andrer Gott,
Das Feld muß er behalten.

3. Und wenn die Welt voll Teufel wär
Und wollt uns gar verschlingen,
So **FÜRCHTEN WIR UNS NICHT SO SEHR.**
ES SOLL UNS DOCH GELINGEN.
Der Fürst dieser Welt,
Wie saur er sich stellt,
Tut er uns doch nicht.
Das macht: er ist gericht.
Ein Wörtlein kann ihn fällen.

4. DAS WORT SIE SOLLEN LASSEN STAHN UND KEIN DANK DAZU HABEN. **ER IST BEI UNS** WOHL AUF DEM PLAN MIT SEINEM GEIST UND GABEN. NEHMEN SIE DEN LEIB, GUT, EHR, KIND UND WEIB, LAß FAHREN DAHIN! SIE HABENS KEIN GEWINN. DAS REICH MUß UNS DOCH BLEIBEN.

WARUM MAN NICHT PÄPSTEN UND PRÄLATEN FOLGEN SOLL

Ein jeglicher Christenmensch ist zweierlei Natur, geistlicher und leiblicher. Nach der Seele wird er ein geistlicher, neuer, innerlicher Mensch genannt, nach dem Fleisch und Blut wird er ein leiblicher, alter und äußerlicher Mensch genannt. Und **UM DIESES UNTERSCHIEDES WILLEN** werden von ihm gesagt in der Schrift Worte, die da stracks wider einander sind, wie ich jetzt gesagt von der Freiheit und Dienstbarkeit. So wir uns vornehmen den inwendigen, geistlichen Menschen, zu sehen, was dazu gehöre, daß er ein frommer, freier Christenmensch sei und heiße, so ist's offenbar, daß kein äußerliches Ding kann ihn noch fromm machen, wie es mag immer genannt werden, denn **SEINE FRÖMMIGKEIT UND FREIHEIT, WIEDERUM SEINE BOSHEIT UND GEFÄNGNIS SIND NICHT LEIBLICH NOCH ÄUßERLICH.**

Was hilft's der Seele, daß der Leib ungefangen, frisch und gesund ist, ißt, trinkt, lebt, wie er will! Wiederum, was schadet das der Seele, daß der Leib gefangen, krank und matt ist, hungert, dürstet und leidet, wie er nicht gern wollte!

Diese Dinge reichen keines bis an die Seele, sie zu befreien oder zu fangen, fromm oder böse zu machen.

•

Denn **DER MENSCH LEBT** nicht allein in seinem Leibe, sondern auch **UNTER ANDERN MENSCHEN AUF ERDEN.** Darum kann er nicht ohne Werke sein gegen dieselben, **ER MUẞ JA MIT IHNEN ZU REDEN UND ZU SCHAFFEN HABEN**, wiewohl ihm derselben Werke keines not ist zur Frömmigkeit und Seligkeit. Darum soll seine Meinung in allen Werken frei und nur dahin gerichtet sein, daß er andern Leuten damit diene und nütze sei, nichts anderes sich vorstelle, denn was den andern not ist.
Das heißt dann ein wahrhaftiges Christenleben, und da geht der Glaube mit Lust und Liebe ins Werk.

•

Ein Christenmensch ist **EIN FREIER HERR ÜBER ALLE DINGE UND NIEMAND UNTERTAN.** Ein Christenmensch ist ein dienstbarer Knecht aller Dinge und jedermann untertan. Diese zwei Beschlüsse sind klar: St. Paulus, 1. Korinther 9: »Ich bin frei in allen Dingen und habe mich eines jedermanns Knecht gemacht.« Item Römer 13: »Ihr sollt niemand in etwas verpflichtet sein, außer daß ihr euch untereinander liebet.« **LIEBE ABER, DIE IST DIENSTBAR UND UNTERTAN DEM, WAS SIE LIEB HAT.**

•

GLAUBST DU, SO HAST DU, GLAUBST DU NICHT, SO HAST DU NICHT. Denn was dir unmöglich ist mit allen Werken der Gebote, deren viele und doch keines nütze sein müssen, das wird dir leicht und kurz durch den Glauben. Denn ich habe kürzlich in den Glauben gestellt alle Dinge, daß, wer ihn hat, soll alle Dinge haben und selig sein; wer ihn nicht hat, soll nichts haben. Also geben die Zusagungen Gottes, was die Gebote erfordern, und vollbringen, was die Gebote heißen, **AUF DAẞ ES ALLES GOTTES EIGEN SEI, GEBOT UND ERFÜLLUNG.** Er heißt allein, er erfüllt auch allein. Darum sind die Zusagungen Gottes Worte des Neuen Testaments und gehören auch ins Neue Testament.

•

ALSO HILFT ES DER SEELE NICHTS, OB DER LEIB HEILIGE KLEIDER ANLEGT, wie es die Priester und Geistlichen tun, **AUCH NICHT, OB ER IN DEN KIRCHEN UND HEILIGEN STÄTTEN SEI, AUCH NICHT, OB ER MIT HEILIGEN DINGEN UMGEHE, AUCH NICHT, OB ER LEIBLICH BETE, FASTE, WALLE UND ALLE GUTEN WERKE TUE,** die durch und in dem Leibe geschehen möchten ewiglich. Es muß noch ganz etwas anderes sein, was der Seele bringt und gebe Frömmigkeit und Freiheit. Denn alle diese obgenannten Stücke, Werke und Weisen mag auch an sich haben und üben ein böser Mensch, ein Gleißner und Heuchler, auch durch solch Wesen kein ander Volk denn eitel Gleißner werden. **WIEDERUM SCHADET ES DER SEELE NICHTS, WENN DER LEIB UNHEILIGE KLEIDER TRÄGT, AN UNHEILIGEN ORTEN IST, IßT, TRINKT, WALLET, NICHT BETET** und läßt alle die Werke anstehen, die die obgenannten Gleißner tun.

•

Die Gebote lehren und schreiben uns vor mancherlei gute Werke, aber damit sind sie noch nicht geschehen. Sie weisen wohl, sie helfen aber nicht, lehren, was man tun soll, geben aber keine Stärke dazu. Darum sind sie nur dazu geordnet, daß der Mensch darinnen sehe sein Unvermögen zu dem Guten und lerne an sich selbst verzweifeln. Und darum heißen sie auch das Alte Testament und gehören alle ins Alte Testament. Wie das Gebot: »Du sollst nicht böse Begierde haben« beweiset, **DAß WIR ALLESAMT SÜNDER SIND** und kein Mensch vermag zu sein ohne böse Begierde, er tue, was er will. Woraus er lernet **AN SICH SELBST VERZAGEN** und anderswo zu suchen Hilfe, daß er ohne böse Begierde sei und also das Gebot erfülle durch einen andern, was er aus sich selbst nicht vermag: also sind auch alle anderen Gebote uns unmöglich.

•

DARAUS MAN KLAR SIEHET, WIE EIN CHRISTENMENSCH **FREI IST VON ALLEN DINGEN UND ÜBER ALLE DINGE**, ALSO DAß ER KEINER GUTER WERKE DAZU BEDARF, DAß ER FROMM UND SELIG SEI, SONDERN DER GLAUBE BRINGT'S IHM ALLES ÜBERFLÜSSIG. UND WO ER SO TÖRICHT WÄRE UND MEINTE, DURCH EIN GUTES WERK FROMM, FREI, SELIG ODER CHRIST ZU WERDEN, SO VERLÖRE ER DEN GLAUBEN MIT ALLEN DINGEN, GLEICH WIE DER HUND, DER EIN STÜCK FLEISCH IM MUND TRUG UND NACH DEM SCHEMEN IM WASSER SCHNAPPTE, DAMIT FLEISCH UND SCHEMEN VERLOR.

Weiter ist's mit dem Glauben also getan, daß, welcher dem andern glaubt, der glaubt ihm darum, daß er ihn für einen frommen, wahrhaftigen Mann achtete, welches die größte Ehre ist, die ein Mensch dem andern tun kann, wie es wiederum die größte Schmach ist, so er ihn für einen losen, lügenhaftigen, leichtfertigen Mann achtet. Also auch, wenn die Seele Gottes Wort festiglich glaubt, so hält sie ihn für wahrhaftig, fromm und gerecht, womit sie ihm tut die allergrößte Ehre, die sie ihm tun kann, denn da gibt sie ihm recht, da läßt sie ihm recht, da ehret sie seinen Namen und läßt mit sich handeln, wie er will, **DENN SIE ZWEIFELT NICHT, ER SEI FROMM, WAHRHAFTIG IN ALLEN SEINEN WORTEN.** Wiederum kann man Gott keine größere Unehre antun, denn ihm nicht glauben, womit die Seele ihn für einen Untüchtigen, Lügenhaftigen, Leichtfertigen hält und, soviel an ihr ist, ihn verleugnet mit solchem Unglauben und einen Abgott ihres eignen Sinns im Herzen wider Gott aufrichtet, als wollte sie es besser wissen denn er.

•

Was ist denn für ein Unterschied zwischen den Priestern und Laien in der Christenheit, so sie alle Priester sind? Antwort: Es ist dem Wörtlein »Priester«, »Pfaffe«, »Geistlich« und desgleichen Unrecht geschehen, daß sie von dem gemeinen Haufen sind bezogen auf den kleinen Haufen, den man jetzt nennet geistlichen Stand. Die Heilige Schrift gibt keinen andern Unterschied, denn daß sie die Gelehrten oder Geweihten nennet Ministros, Servor, Oeconomos, das ist Diener, Knechte, Schaffner, die da sollen den andern Christum, Glauben und christliche Freiheit predigen. Denn ob wir wohl alle gleich Priester sind, können wir doch nicht alle dienen oder schaffen und predigen. Also sagt St. Paulus, 1. Korinther 4: »Wir wollen für nichts mehr von den Leuten gehalten sein denn Christi Diener und Schaffner des Evangeliums.« Aber nun ist aus der Schaffnerei geworden **EINE SOLCH WELTLICHE, ÄUSSERLICHE, PRÄCHTIGE, FURCHTBARE HERRSCHAFT**

UND GEWALT, daß ihr die rechte weltliche Macht in keinem Wege kann gleichen, gerade als wären die Laien etwas anderes denn Christenleute, womit hingenommen ist der ganze Verstand christlicher Gnade, Freiheit, Glaubens und alles, was wir von Christo haben, und Christus selbst, **WIR** haben dafür überkommen viel Menschengesetz und -werk, **SIND GANZ KNECHTE GEWORDEN DER ALLERUNTÜCHTIGSTEN LEUTE AUF ERDEN.**

•

Das sei nun genug gesagt von dem innerlichen Menschen, **VON SEINER FREIHEIT** und der Hauptgerechtigkeit, welche keines Gesetzes noch guten Werkes bedarf; ja, es ihr schädlich ist, so jemand dadurch wollte gerechtfertigt zu werden sich vermessen. Nun kommen wir aufs andere Teil, auf den äußerlichen Menschen. Hier wollen wir antworten allen denen, die sich ärgern aus den vorigen Reden und pflegen zu sprechen: »Ei, so denn der Glaube alle Dinge ist und gilt allein genugsam, um fromm zu machen, warum sind denn die guten Werke geboten? So wollen wir guter Dinge sein und nichts tun.« Nein, lieber Mensch, nicht also! Es wäre wohl also, wenn du allein ein innerlicher Mensch wärest und ganz geistlich und innerlich geworden, welches nicht geschieht bis am Jüngsten Tag. Es ist und bleibt auf Erden nur ein Anheben und Zunehmen, welches wird in jener Welt vollbracht. Daher heißt's der Apostel »primitias spiritus«, das sind die ersten Früchte des Geistes; darum gehört hierher, was droben gesagt ist: »Ein Christenmensch ist ein dienstbarer Knecht und jedermann untertan«. Gleich: **WO ER FREI IST, BRAUCHT ER NICHTS ZU TUN; WO ER KNECHT IST, MUß ER ALLERLEI TUN.** Wie das zugehe, wollen wir sehen.

•

Hier muß er nicht müßig gehn, da muß fürwahr der Leib mit Fasten, Wachen, Arbeiten und mit aller mäßigen Zucht getrieben und geübt sein, daß er dem innerlichen Menschen und dem Glauben gehorsam und gleichförmig werde, **NICHT**

HINDERE NOCH WIDERSTREBE, WIE SEINE ART IST, WO ER NICHT GEZWUNGEN WIRD, denn der innerliche Mensch ist mit Gott eins, fröhlich und lustig um Christi willen, der ihm soviel getan hat, und besteht alle seine Lust darin, daß er wiederum möchte Gott auch **UMSONST DIENEN IN FREIER LIEBE**. Da findet er in seinem Fleisch einen widerspenstigen Willen, der will der Welt dienen und suchen, was ihn gelüstet. Das mag der Glaube nicht leiden und legt sich mit Lust an seinen Hals, ihn zu dämpfen und ihm zu wehren, wie St. Paul sagt, Römer 7: »Ich habe eine Lust an Gottes Willen nach meinem innern Menschen, da finde ich einen andern Willen in meinem Fleisch, der will mich mit Sünden gefangen nehmen.« Item: »Ich züchtige meinen Leib und treibe ihn zu Gehorsam, auf daß ich nicht selbst verwerflich werde, der ich die andern lehren soll.« Item, Galater 5: »Alle, die Christo angehören, kreuzigen ihr Fleisch mit seinen bösen Lüsten.«

•

Darum verwerfen wir die guten Werke, nicht um ihrer selbst willen, sondern um desselben bösen Zusatzes und falscher, verkehrter Meinung willen, welche macht, **DAß SIE NUR GUT SCHEINEN, UND SIND DOCH NICHT GUT, SIE BETRÜGEN SICH UND JEDERMANN DAMIT GLEICH WIE DIE REIßENDEN WÖLFE IN SCHAFSKLEIDERN.** Aber derselbe böse Zusatz und verkehrte Meinung in den Werken ist unüberwindlich, wo der Glaube nicht ist. Er muß sein in demselben Werkheiligen, bis der Glaube kommt und zerstöre ihn, die Natur vermag ihn von sich selbst nicht auszutreiben, ja, auch nicht zu erkennen, sondern sie hält ihn für ein köstliches, seliges Ding, drum werden ihrer auch so viel dadurch verführet. Derhalben, obwohl es gut ist, von Reue, Beichte, Genugtuung zu schreiben und predigen, so man aber nicht weiter fährt bis zum Glauben, **SIND ES GEWIßLICH EITEL TEUFLISCHE, VERFÜHRERISCHE LEHREN.**

•

Drum sind die zwei Sprüche wahr: »Gute, fromme Werke machen nimmermehr einen guten, frommen Mann, sondern ein guter, frommer Mann macht gute, fromme Werke«; »Böse Werke machen nimmermehr einen bösen Mann, sondern ein böser Mann macht böse Werke«, also daß allerwegen die Person zuvor muß gut und fromm sein vor allen guten Werken und gute Werke folgen und ausgehn von der frommen, guten Person. Gleichwie Christus sagt: **»EIN BÖSER BAUM TRÄGT KEINE GUTE FRUCHT. EIN GUTER BAUM TRÄGT KEINE BÖSE FRUCHT.«**
Nun ist's offenbar, daß die Früchte tragen nicht den Baum; so wachsen auch die Bäume nicht auf den Früchten, sondern wiederum die Bäume tragen die Früchte, und die Früchte wachsen auf den Bäumen. Wie nun die Bäume müssen früher sein denn die Früchte und die Früchte machen nicht die Bäume weder gut noch böse, sondern die Bäume machen die Früchte, also muß der Mensch in der Person zuvor fromm oder böse sein, ehe er gute oder böse Werke tut. Und **SEINE WERKE MACHEN IHN NICHT GUT ODER BÖSE, SONDERN ER MACHT GUTE ODER BÖSE WERKE.** Desgleichen sehen wir in allen Handwerken. Ein gutes oder böses Haus macht keinen guten oder bösen Zimmermann, sondern ein guter oder böser Zimmermann macht ein böses oder gutes Haus, kein Werk macht einen Meister, darnach das Werk ist, sondern **WIE DER MEISTER IST, DARNACH IST SEIN WERK AUCH.** Also sind die Werke des Menschen auch: Wie es mit ihm steht im Glauben oder Unglauben, darnach sind seine Werke gut oder böse, und nicht wiederum, wie seine Werke stehn, darnach sei er fromm oder gläubig. Die Werke, gleichwie sie nicht gläubig machen, so machen sie auch nicht fromm; aber der Glaube, gleichwie er fromm macht, so macht er auch gute Werke.

•

Das ist wohl wahr: Die Werke machen einen fromm oder böse vor den Menschen, das ist: sie zeigen äußerlich an, wer fromm oder böse ist, wie Christus sagt: »Aus ihren Früchten sollt ihr sie erkennen.« Aber das ist alles im Schein und äußerlich, welches Ansehen irre macht viele Leute, die da schreiben und lehren, wie man gute Werke tun soll und fromm werden, so sie doch des Glaubens nimmer gedenken, gehen dahin und führet immer ein Blinder den andern, martern sich mit vielen Werken und kommen doch nimmer zu der rechten Frömmigkeit, von welchen St. Paul sagt, 2. Timotheus 3: »Sie haben einen Schein der Frömmigkeit, aber der Grund ist nicht da, gehen hin und lernen immer und immer, und kommen doch nimmer zur Erkenntnis der wahren Frömmigkeit.« **WER NUN MIT DENSELBEN BLINDEN NICHT WILL IRREN, MUSS WEITER SEHEN DENN IN DIE WERKE, GEBOTE ODER LEHRE DER WERKE: ER MUß IN DIE PERSON SEHEN VOR ALLEN DINGEN**, wie die fromm werde.

•

DAHER KOMMT'S, DAß ICH SORGE, WENIGE STIFTER, KIRCHEN, KLÖSTER, ALTÄRE, MESSEN, TESTAMENTE CHRISTLICH SEIEN, DAZU AUCH DIE FASTEN UND GEBETE, ZU ETLICHEN HEILIGEN BESONDERS GETAN. **DENN ICH FÜRCHTE, DAß IN DEM ALLESAMT EIN JEGLICHER NUR DAS SEINE SUCHT**, VERMEINEND, DAMIT SEINE SÜNDEN ZU BÜßEN UND SELIG ZU WERDEN, WELCHES ALLES KOMMT AUS UNWISSENHEIT DES GLAUBENS UND CHRISTLICHER FREIHEIT. UND ETLICH

BLINDE PRÄLATEN DIE LEUTE DAHIN TREIBEN UND SOLCH WESEN PREISEN, MIT ABLAß SCHMÜCKEN UND DEN GLAUBEN NIMMERMEHR LEHREN. ICH RATE DIR ABER: WILLST DU ETWAS STIFTEN, BETEN, FASTEN, SO TU ES NICHT IN DER MEINUNG, DAß DU WOLLEST DIR ETWAS GUTES TUN, SONDERN **GIB'S DAHIN FREI**, DAß ANDERE LEUTE DESSELBEN GENIEßEN MÖGEN, UND **TU ES IHNEN ZUGUTE**, SO BIST DU EIN RECHTER CHRIST.

WARUM MAN DER ELENDEN DEUTSCHEN NATION HELFEN SOLL

Es ist nicht aus lauter Fürwitz noch Frevel geschehen, daß ich einzelner, armer Mensch mich unterstanden habe, vor Euren hohen Würden zu reden: Die Not und Beschwerung, die alle Stände der Christenheit, zuvor die deutschen Lande, drückt, hat nicht allein mich, sondern jedermann bewegt, vielmals zu schreien und Hilfe zu begehren, hat mich auch jetzt gezwungen, zu schreien und rufen, ob Gott jemand den Geist geben wollte, seine Hand der elenden deutschen Nation zu reichen. Es ist oft durch Konzile etwas aufgewandt, aber durch etlicher Menschen List behendiglich verhindert und immer ärger geworden, deren Tücke und Bosheit ich jetzt – Gott helfe mir – zu durchleuchten gedenke, auf daß sie, erkannt, hinfort nicht mehr so hinderlich und schädlich sein möchten. Gott hat uns ein junges, edles Blut zum Haupt gegeben und damit viel Herzen zu großer guter Hoffnung erweckt; daneben will sich's ziemen, das Unsere dazuzutun und der Zeit und Gnade nützlich zu gebrauchen.

•

Nun helfe uns Gott und **GEBE UNS DER POSAUNEN EINE**, womit die Mauern Jerichos umgeworfen wurden, daß wir diese strohenen und papiernen Mauern auch umblasen und die christlichen Ruten, Sünden zu strafen, losmachen, **DES TEUFELS LIST UND TRUG AN DEN TAG ZU BRINGEN**, auf daß wir durch Strafe uns bessern und seine Huld wiedererlangen.

•

Die Romanisten haben mit großer Behendigkeit drei Mauern um sich gezogen, womit sie sich bisher beschützt haben, so daß niemand sie hat reformieren können, wodurch die ganze Christenheit greulich gefallen ist. Zum ersten: Wenn man mit weltlicher Gewalt auf sie gedrungen ist, haben sie festgesetzt und gesagt, weltliche Gewalt habe kein Recht über sie, sondern umgekehrt: die geistliche sei über die weltliche.
Zum andern: Hat man sie mit der heiligen Schrift tadeln wollen, setzen sie dagegen, es gebühre niemand die Schrift auszulegen als dem Papst.
Zum dritten: Drohet man ihnen mit einem Konzil, so erdichten sie, es könne niemand ein Konzil berufen als der Papst.
So haben sie uns die drei Ruten heimlich gestohlen, daß sie ungestraft sein können und sich in die sichere Befestigung dieser drei Mauern gesetzt, **ALLE BÜBEREI UND BOSHEIT ZU TREIBEN, DIE WIR DENN JETZT SEHEN,** und ob sie schon ein Konzil machen mußten, haben sie doch dasselbe vorher dadurch matt gemacht, daß sie die Fürsten zuvor mit Eiden verpflichteten, sie bleiben zu lassen, wie sie seien. Dazu haben sie dem Papst volle Gewalt über alle Ordnung des Konzils gegeben, so daß es gleich gilt, es seien viele Konzile oder gar kein Konzil, abgesehen davon, **DAß SIE UNS NUR MIT LARVEN UND SPIEGELFECHTEN BETRÜGEN,** so gar greulich fürchten sie für ihre Haut vor einem rechten, freien Konzil. Sie haben Könige und Fürsten damit schüchtern gemacht, so daß diese glauben, es wäre wider Gott, **SO MAN IHNEN NICHT IN ALLEN SOLCHEN SCHALKHAFTIGEN, LISTIGEN SCHRECKGESPENSTEN GEHORCHTE.**

•

MAN HAT'S ERFUNDEN, DAß PAPST, BISCHÖFE, PRIESTER UND KLOSTERVOLK **DER GEISTLICHE STAND** GENANNT WIRD, FÜRSTEN, HERRN, HANDWERKS- UND ACKERLEUTE **DER WELTLICHE STAND**, DAS IST EINE SEHR FEINE **ERDICHTUNG UND TRUG.**

WO SÜNDE IST, DA IST SCHON KEINE AUSFLUCHT MEHR VOR DER STRAFE, WIE AUCH ST. GREGORIUS SCHREIBT, **DAß WIR WOHL ALLE GLEICH SEIEN**, ABER DIE SCHULD MACHE EINEN DEM ANDERN UNTERTAN.

Das erste, was in dieser Sache vornehmlich zu tun ist, ist, daß wir uns ja mit großem Ernst vorsehen und nicht etwas mit Vertrauen auf große Macht oder Vernunft anfangen, ob gleich **ALLER WELT GEWALT** unser wäre, denn Gott kann's und will's nicht leiden, daß ein gutes Werk im Vertrauen auf eigene Macht und Vernunft angefangen werde. Er stößt es zu Boden, davor hilft nichts, wie im 33. Psalm steht: **»ES WIRD KEIN KÖNIG BESTEHEN DURCH SEINE GROẞE MACHT UND KEIN HEER DURCH DIE GRÖẞE SEINER STÄRKE.«**
Und aus dem Grund, besorge ich, sei es vor Zeiten gekommen, daß die teuren Fürsten, Kaiser Friedrich der Erste und der Zweite und viel mehr deutsche Kaiser, vor welchen sich doch die Welt fürchtete, so jämmerlich von den Päpsten mit Füßen getreten und gedrückt worden sind.

•

Gleich wie nun die, die man jetzt geistlich oder Priester, Bischöfe oder Päpste nennt, von andern Christen nicht weiter noch würdiger geschieden sind, als daß sie das Wort Gottes und die Sakramente handeln sollen – das ist ihr Werk und Amt – ebenso hat die weltliche Obrigkeit das Schwert und die Ruten in der Hand, die Bösen damit zu strafen, die Frommen zu schützen. Ein Schuster, ein Schmied, ein Bauer, ein jeglicher hat seines Handwerks Amt und Werk, und doch sind alle gleich geweihte Priester und Bischöfe, und ein jeglicher soll mit seinem Amt oder Werk den andern nützlich und dienstbar sein, so daß vielerlei Werke alle auf eine Gemeinde gerichtet sind, Leib und Seele zu fördern, gleich **WIE DIE GLIEDMAẞEN DES KÖRPERS ALLE EINES DEM ANDERN DIENEN.**

•

DRUM SOLL WELTLICHE CHRISTLICHE GEWALT IHR AMT FREI UNBEHINDERT ÜBEN, UNANGESEHEN, OB'S PAPST, BISCHOF ODER PRIESTER SEI, DEN SIE TRIFFT: **WER SCHULDIG IST, DER LEIDE!** WAS DAS GEISTLICHE RECHT DAGEGEN GESAGT HAT, IST LAUTER ERDICHTETE RÖMISCHE VERMESSENHEIT. DENN SO SAGT PAULUS ALLEN CHRISTEN: »EINE **JEGLICHE SEELE (ICH HALTE DAFÜR, DES PAPSTES AUCH)** SOLL UNTERTAN SEIN DER OBRIGKEIT, DENN

SIE TRÄGT NICHT UMSONST DAS SCHWERT, SIE DIENET GOTT DAMIT, ZUR STRAFE DER BÖSEN UND ZU LOB DEN FROMMEN«, AUCH ST. PETRUS: »SEID UNTERTAN ALLEN MENSCHLICHEN ORDNUNGEN UM GOTTES WILLEN, DER ES SO HABEN WILL.« ER HAT ES AUCH VERKÜNDET, DAß SOLCHE MENSCHEN KOMMEN WÜRDEN, DIE **DIE WELTLICHE OBRIGKEIT VERACHTEN** WÜRDEN, WIE DENN DURCH DAS GEISTLICHE RECHT GESCHEHEN IST.

Nun sieh, wie christlich das festgesetzt und gesagt sei: Weltliche Obrigkeit sei nicht über die Geistlichkeit, solle sie auch nicht strafen. Das ist ebenso viel gesagt wie: Die Hand soll nichts dazu tun, wenn das Auge große Not leidet. **IST'S NICHT UNNATÜRLICH,** geschweige denn unchristlich, **DAß EIN GLIED DEM ANDERN NICHT HELFEN, SEINEM VERDERBEN NICHT WEHREN SOLL?** Ja, je edler das Glied ist, desto mehr sollen ihm die andern helfen. Drum sage ich: dieweil die weltliche Gewalt von Gott geordnet ist, die Bösen zu strafen und die Frommen zu schützen, so soll man ihr Amt frei unbehindert durch den ganzen Körper der Christenheit ohne Ansehen der Person gehen lassen, sie treffe Papst, Bischöfe, Pfaffen, Mönche, Nonnen oder was es ist. Wenn das ausreichend wäre, die weltliche Gewalt zu hindern, daß sie unter den christlichen Ämtern geringer ist als der Prediger und Beichtiger Amt oder der geistliche Stand, so sollte man auch die Schneider, Schuster, Steinmetze, Zimmerleute, Köche, Kellner, Bauern und alle zeitlichen Handwerke daran hindern, daß sie dem Papst, Bischöfen, Priestern, Mönchen Schuhe, Kleider, Haus, Essen, Trinken machten, oder Zins gäben. Läßt man aber diesen Laien ihre Werke unbehindert, was machen dann die römischen Schreiber mit ihren Gesetzen, daß sie sich dem Wirken weltlicher, christlicher Gewalt entziehen. Daß sie nur ungehindert böse sein und erfüllen können, was St. Peter gesagt hat: »Es werden falsche Meister unter euch erstehen und mit falschen, erdichteten Worten mit euch umgehen, euch im Sack zu verkaufen!«

•

So meine ich, diese erste papierne Mauer liege danieder, sintemal die weltliche Herrschaft ein Mitglied des christlichen Leibes geworden ist, und, obwohl sie ein leibliches Werk hat, doch geistlichen Standes ist, weshalb ihr Werk frei unbehindert in alle Gliedmaßen des ganzen Körpers gehen soll, strafen und antreiben, wo es die Schuld verdienet oder die Not fordert, unangesehen der Päpste, Bischöfe, Priester, sie mögen drohen oder bannen, wie sie wollen.
Daher kommt's, daß die schuldigen Priester, wenn man sie dem weltlichen Recht überantwortet, zuvor der priesterlichen Würde entsetzt werden, was doch nicht recht wäre, wo nicht das weltliche Schwert über dieselben zuvor aus göttlicher Ordnung Gewalt hätte. Es ist auch zuviel, daß man im geistlichen Recht der Geistlichen Freiheit, Leib und Güter so hoch erhebt, gerade als wären die Laien nicht auch geistlich so gute Christen wie sie, oder als gehörten sie nicht zur Kirche. **WARUM IST DEIN LEIB, LEBEN, GUT UND EHRE SO FREI UND NICHT DAS MEINE**, so wir doch gleiche Christen sind, gleiche Taufe, Glauben, Geist und alle Dinge haben? **WIRD EIN PRIESTER ERSCHLAGEN, SO LIEGT EIN LAND IM INTERDIKT, WARUM NICHT AUCH, WENN EIN BAUER ERSCHLAGEN WIRD?**
Wo kommt solch großes Unterscheiden unter den gleichen Christen her?
Allein aus Menschengesetzen und -erdichten!

•

Es kann auch kein guter Geist sein, der solche Ausnahme erfunden und die Sünde geradezu unsträflich gemacht hat. Denn **SO WIR SCHULDIG SIND,** wider den bösen Geist, seine Werke und Worte zu streiten und ihn zu vertreiben, wie wir können – wie uns Christus und seine Apostel gebieten –, **WIE KÄMEN WIR DENN DAZU, DAß WIR STILLHALTEN UND SCHWEIGEN SOLLTEN, WO DER PAPST ODER DIE SEINEN TEUFLISCHE WORTE ODER WERKE VORNÄHMEN?** Sollten wir um der Menschen willen göttliches Gebot und Wahrheit zerstören lassen, der wir in der Taufe mit Leib und Leben beizustehen geschworen haben, fürwahr, wir wären an allen Seelen schuldig, die dadurch verlassen und verführet würden. Drum muß das der Hauptteufel selbst gesagt haben, was im geistlichen Recht steht: **»WENN DER PAPST SO SCHÄDLICH BÖSE WÄRE, DAß ER GLEICH DIE SEELEN IN GROßER MENGE ZUM TEUFEL FÜHRTE, KÖNNTE MAN IHN DENNOCH NICHT ABSETZEN.« AUF DIESEN VERFLUCHTEN, TEUFLISCHEN GRUND BAUEN SIE ZU ROM UND MEINEN, MAN SOLLE EHER ALLE WELT ZUM TEUFEL LASSEN FAHREN, ALS IHRER SCHURKEREI WIDERSTREBEN.** Wenn es daran genug wäre, daß einer über den andern ist, daß er deshalb nicht zu strafen sei, dürfte kein Christ den andern strafen, sintemal Christus gebietet: ein jeglicher solle sich für den Untersten und Geringsten halten.

•

NUN SEHEN WIR, WIE SIE MIT DER CHRISTENHEIT UMGEHEN. SIE NEHMEN SICH **DIE FREIHEIT OHNE ALLEN BEWEIS** AUS DER SCHRIFT, MIT EIGENEM FREVEL, DIE GOTT UND DIE APOSTEL DEM WELTLICHEN SCHWERT UNTERWORFEN HABEN, DAß ZU BESORGEN IST, ES SEI DES ENDCHRISTS ODER SEINES NÄCHSTEN VORLÄUFERS SPIEL.

WARUM MAN WAHRE REUE UND ZERKNIRSCHUNG SUCHEN SOLL

(95 THESEN)

1. Da unser Herr und Meister Jesus Christus spricht: Tut Buße etc., will er, daß **DAS GANZE LEBEN** seiner Gläubigen auf Erden eine (stete) Buße sei.

2. Und kann noch mag **DAS WORT BUẞE** nicht vom Sakrament der Buße, das ist, von der Beichte und Genugtuung, so durch der Priester Amt geübt wird, verstanden werden.

3. Jedoch will er nicht allein verstanden haben die innerliche Buße; ja die innerliche Buße ist nichtig und keine Buße, wo sie nicht äußerlich allerlei **TÖTUNG DES FLEISCHES** wirket.

4. Währet derhalben **REUE UND LEID**, das ist wahre Buße, so lange einer Mißfallen an sich selber hat, nämlich **BIS ZUM EINTRITT AUS DIESEM IN DAS EWIGE LEBEN.**

5. Der Papst will noch kann nicht irgend andere Strafe erlassen außer der, welche er **NACH SEINEM GEFALLEN** oder laut der Canones, das ist der päpstlichen Satzungen, auferlegt hat.

6. Der Papst kann keine **SCHULD VERGEBEN** als allein sofern, daß er erkläre und bestätige, was von Gott vergeben sei, oder aber, daß er es tue in den Fällen, die er sich vorbehalten hat, und wenn dies verachtet würde, so bliebe die Schuld ganz und gar unaufgehoben.

7. Gott vergibt keinem die Schuld, den er nicht zugleich durchaus wohl gedemütigt dem Priester, seinem Statthalter, unterwerfe.

8. Canones poenitentiales, das ist, die Satzungen, wie man beichten und büßen soll, sind **ALLEIN DEN LEBENDIGEN AUFGELEGT** und sollen laut derselben Satzungen den jetzt Sterbenden nicht aufgelegt werden.

9. Daher tut uns der heilige Geist wohl am Papst, daß der Papst allewege in seinen Dekreten ausnimmt den **ARTIKEL DES TODES** und die äußerste Not.

10. Die Priester handeln unverständig und übel, die den sterbenden Menschen Poenitentias canonica, das ist auferlegte Buße ins **FEGEFEUER**, daselbst denselben genug zu tun, sparen und behalten.

11. Dieses Unkraut, daß man die Buße oder Genugtuung, so durch die Canones oder Satzungen auferlegt ist, in des Fegefeuers Buße oder Pein sollte verwandeln, ist gesäet worden, da die Bischöfe geschlafen haben.

12. VOR ZEITEN WURDEN CANONICAE POENAE, DAS IST AUFERLEGTE BUẞE ODER GENUGTUUNG FÜR BEGANGENE SÜNDEN, NICHT NACH, SONDERN VOR DER ABSOLUTION AUFERLEGT, DABEI ZU PRÜFEN, OB **REUE UND LEID** RECHTSCHAFFEN WÄRE.

13. Die Sterbenden tun **DURCH IHREN TOD** oder Absterben für alles genug und sind dem Rechte der Canones oder Satzungen abgestorben und also billig von Auflegung derselben entbunden.

14. Unvollkommene Frömmigkeit oder Liebe des Sterbenden bringt notwendig große Furcht mit sich; ja diese ist um so größer, je geringer jene ist.

15. Diese Furcht und Schrecken, daß ich **ANDERER DINGE SCHWEIGE**, genügt an sich selber, daß sie des Fegefeuers Pein anrichte, dieweil sie der **ANGST DER VERZWEIFLUNG** ganz nahe ist.

16. Hölle, Fegefeuer und Himmel scheinen also von einander verschieden zu sein wie die rechte Verzweiflung, unvollkommene Verzweiflung und Sicherheit.

17. Es scheint, als müsse **IM FEGEFEUER**, gleichwie die **ANGST AN DEN SEELEN** abnimmt, also auch die Liebe an ihnen zunehmen.

18. Es scheint unerwiesen zu sein, weder durch Gründe noch durch die Schrift, daß sie außer dem Stande des Verdienstes oder des Zunehmens an der Liebe seien.

19. Es scheint auch dies unerwiesen zu sein, daß sie **IHRER SELIGKEIT GEWIß** und unbekümmert seien, ob wir schon des ganz gewiß sind.

20. Derhalben versteht der Papst unter **DER VOLLKOMMENEN VERGEBUNG ALLER STRAFEN** nicht, daß insgeheim alle Strafe vergeben werden, sondern nur die, so er selbst aufgelegt hat.

21. Daher irren die Ablaßprediger, die da sagen, daß durch des Papstes Ablaß **DER MENSCH VON ALLER STRAFE LOS UND SELIG WERDE.**

22. Ja, der Papst erläßt den Seelen im Fegefeuer keine Strafe, die sie hätten **IN DIESEM LEBEN** laut der Canones büßen und bezahlen müssen.

23. Wenn einem irgend eine Vergebung aller Strafe gegeben werden kann, so ist's gewiß, daß sie **ALLEIN DEN VOLLKOMMENSTEN, DAS IST GAR WENIGEN**, gegeben werde.

24. Darum muß der größte Teil unter den Leuten betrogen werden durch die **PRÄCHTIGE VERHEIẞUNG** von der bezahlten Strafe, wobei gar kein Unterschied gemacht wird.

25. **GLEICHE GEWALT**, wie der Papst hat über das Fegefeuer insgemein, haben auch ein jeder Bischof und Seelsorger in seinem Bistum und seiner Pfarrei insbesondere.

26. Der Papst tut sehr wohl daran, daß er **NICHT AUS GEWALT** des Schlüssels (den er nicht hat), sondern durch Hilfe und fürbittweise den Seelen Vergebung schenkt.

27. Die predigen **MENSCHENTAND**, die da vorgeben, sobald der Groschen im Kasten klinge, führe die Seele von Stund an aus dem Fegefeuer.

28. DAS IST GEWIß, SOBALD DER GROSCHEN IM KASTEN KLINGT, DAß GEWINN UND GEIZ KOMMEN, ZUNEHMEN UND GRÖßER WERDEN; DIE HILFE ABER UND FÜRBITTE DER KIRCHE STEHT ALLEIN IN GOTTES **WILLEN UND WOHLGEFALLEN**.

29. Wer weiß auch, ob alle Seelen im Fegefeuer also wollen **ERLÖST** sein, wie es mit St. Severin und Paschalis soll zugegangen sein.

30. Niemand ist des gewiß, daß er wahre Reue genug habe; viel weniger kann er gewiß sein, ob er **VOLLKOMMENE VERGEBUNG DER SÜNDEN** bekommen habe.

31. Wie selten einer ist, der **WAHRHAFTIGE** Reue und Leid habe, so selten ist auch der, der wahrhaftig Ablaß löst, das ist, es ist gar selten einer zu finden.

32. Die werden **SAMT IHREN MEISTERN IN DIE EWIGE VERDAMMNIS FAHREN**, die da vermeinen, durch Ablaßbriefe ihrer Seligkeit gewiß zu sein.

33. Vor denen soll man sich sehr wohl hüten und vorsehen, die da sagen, des Papstes Ablaß sei die höchste und werteste Gottesgnade und **GESCHENK**, dadurch der Mensch mit Gott versöhnt wird.

34. Denn die Ablaßgnade bezieht sich allein auf die **STRAFE DER GENUGTUUNG, WELCHE VON MENSCHEN GEORDNET WORDEN IST.**

35. Die lehren unchristlich, welche vorgeben, daß die, so da Seelen aus dem Fegefeuer oder Beichtbriefe lösen wollen, keiner Reue noch Leides bedürfen.

36. Ein jeder Christ, der wahre Reue und Leid hat über seine Sünden, der hat **VÖLLIGE VERGEBUNG VON STRAFE UND SCHULD**, die ihm auch ohne Ablaßbrief gehört.

37. Ein **JEDER WAHRHAFTIGE** Christ, er sei lebendig oder schon gestorben, ist teilhaftig aller Güter Christi und der Kirche, aus Gottes Geschenk, auch ohne Ablaßbriefe.

38. Doch ist des Papstes Vergebung und Austeilung mit nichten zu verachten; denn wie ich gesagt habe, ist seine Erklärung eine **ERKLÄRUNG GÖTTLICHER VERGEBUNG.**

39. Es ist **ÜBER DIE MAẞEN SCHWER**, auch für die allgelehrtesten Theologen, zugleich den großen Reichtum des Ablasses und dagegen die wahre Reue und Leid vor dem Volke zu rühmen.

40. **WAHRE REUE UND ZERKNIRSCHUNG SUCHT UND LIEBT DIE STRAFE**, aber die Mildigkeit des Ablasses entbindet der Strafe und macht, daß man sie haßt, wenigstens bei Gelegenheit.

41. Vorsichtiglich soll man von dem päpstlichen Ablaß predigen, damit der gemeine Mann nicht fälschlich dafür halte, daß er den anderen **WERKEN DER LIEBE** vorgezogen oder besser geachtet werde.

42. Man soll die Christen lehren, es sei mitnichten des Papstes Meinung, daß Ablaßlösen einem **WERKE DER BARMHERZIGKEIT** irgendwie zu vergleichen sei.

43. Man soll die Christen lehren, daß, **WER DEN ARMEN GIBT ODER LEIHT DEM DÜRFTIGEN**, besser tue, als wenn er Ablaß löst.

44. DENN **DURCH DAS WERK DER LIEBE WÄCHST DIE LIEBE UND DER MENSCH WIRD BESSER**; DURCH DEN ABLAß ABER WIRD ER NICHT BESSER, SONDERN NUR SICHERER UND FREIER VON STRAFE.

45. Man soll die Christen lehren, daß der, so seinen Nächsten darben sieht und dessen ungeachtet Ablaß löst, der löst nicht des Papstes Ablaß, sondern ladet auf sich **GOTTES UNGNADE.**

46. Man soll die Christen lehren, daß sie, wo sie nicht übrig reich sind, schuldig sind, was zur Notdurft gehört, für ihr Haus zu behalten und mit nichten für Ablaß zu verschwenden.

47. Man soll die Christen lehren, daß das Ablaßlösen **EIN FREI DING SEI UND NICHT GEBOTEN.**

48. Man soll die Christen lehren, daß der Papst, wie er eines andächtigen Gebetes für sich mehr bedarf, also desselben **MEHR BEGEHRE** denn des Geldes, wenn er Ablaß austeilt.

49. Man soll die Christen lehren, daß des Papstes Ablaß gut sei, sofern man sein Vertrauen nicht darauf setzt, dagegen aber nicht Schädlicheres, als wenn man dadurch Gottesfurcht verliert.

50. Man soll die Christen lehren, daß der Papst, wenn er wüßte der Ablaßprediger Schinderei, wollte er lieber, daß St. Peters Münster zu Pulver verbrannt würde, denn daß es mit **HAUT, FLEISCH UND BEIN** seiner Schafe erbaut werde.

51. Man soll die Christen lehren, daß der Papst, wie er schuld ist, also auch willig wäre, **VON SEINEM EIGENEN GOLD** – und sollte gleich St. Peters Münster dazu verkauft werden – den Leuten auszuteilen, denen zumeist etliche Ablaßprediger das Geld abdringen.

52. Durch Ablaßbriefe vertrauen selig zu werden ist **EIN NICHTIG UND ERLOGEN DING**, wenn gleich der Commissarius oder der Ablaßvogt, ja der Papst selbst seine Seele wollte zu Pfande setzen.

53. Das sind Feinde Christi und des Papstes, die von wegen der Ablaßpredigt das Wort Gottes in andern Kirchen zu predigen **GANZ UND GAR SCHWEIGEN VERBIETEN.**

54. Es geschieht dem Worte Gottes unrecht, wenn man in Predigt eben so viel oder mehr Zeit aufwendet, den Ablaß zu verkündigen, als auf **DAS WORT** des Evangeliums.

55. Des Papstes Meinung kann nicht anders sein, als, wenn man den Ablaß (was das Geringste ist) mit einer Glocke, einer Prozession und Ceremonien begeht so müsse man dagegen **DAS EVANGELIUM (WAS DAS HÖCHSTE IST) MIT HUNDERT GLOCKEN, HUNDERT PROZESSIONEN UND HUNDERT CEREMONIEN FEIERN.**

56. Die **SCHÄTZE DER KIRCHE**, davon der Papst den Ablaß austeilt, **SIND WEDER GENUGSAM GENANNT NOCH BEKANNT** bei der Gemeinde Christi.

57. Denn daß es **NICHT LEIBLICHE, ZEITLICHE GÜTER** sind, ist daher **OFFENBAR**, weil viele Prediger diese nicht so leichtlich hingeben, sondern vielmehr aufsammeln.

58. Es sind auch nicht die Verdienste Christi und der Heiligen; denn diese **WIRKEN ALLEZEIT**, ohne des Papstes Zutun, Gnade des innerlichen Menschen und Kreuz, Tod und Hölle des äußerlichen Menschen.

59. St. Laurenzius hat **DIE ARMEN DER GEMEINDE** genannt, die Schätze der Gemeinde oder Kirche, aber er hat das Wörtlein genommen, wie es zu seiner Zeit gebräuchlich war.

60. Wir sagen **AUS GUTEM GRUNDE, OHNE VORWITZ**, daß dieser Schatz seien die Schlüssel der Kirche, durch das Verdienst Christi der Kirche geschenkt.

61. Denn es ist klar, daß **ZUR VERGEBUNG DER STRAFE** und vorbehaltener Fälle allein des Papstes Gewalt genug sei.

62. Der rechte wahre Schatz der Kirche ist das allerheiligste Evangelium **DER HERRLICHKEIT** und Gnade Gottes.

63. Dieser Schatz ist aber billig der allerverhaßteste; denn er macht, daß **DIE ERSTEN DIE LETZTEN** werden.

64. Aber der Ablaßschatz ist billig der allerangenehmste, denn er macht aus **DEN LETZTEN DIE ERSTEN**.

65. Derhalben sind die Schätze des Evangelii Netze, mit denen man **VOR ZEITEN** die Leute des Mammons fischte.

66. Die Schätze des Ablasses aber sind Netze, womit man **IN JETZIGER ZEIT** den Mammon der Leute fischet.

67. DER ABLAß, DEN DIE PREDIGER FÜR DIE GRÖßTE GNADE AUSRUFEN, IST FREILICH FÜR **GROßE GNADE** ZU HALTEN, INSOFERN ER **GROßEN GEWINN** TRÄGT.

68. UND DOCH IST SOLCHER ABLAß WAHRHAFTIG DIE **ALLERGERINGSTE GNADE**, WENN MAN IHN MIT DER GNADE GOTTES UND DES KREUZES GOTTSELIGKEIT VERGLEICHT.

69. Es sind die Bischöfe und Seelsorger **SCHULDIG**, die Commissarien des apostolischen Ablasses mit aller Ehrerbietung zuzulassen.

70. Aber vielmehr sind die schuldig, mit Augen und Ohren aufzumerken, daß diese Commissarien nicht statt päpstlichen Befehls **IHRE EIGENEN TRÄUME** predigen.

71. Wer **WIDER DIE WAHRHEIT** des apostolischen Ablasses redet, der sei Anathema und vermaledeit.

72. Wer aber wider des Ablaßpredigers **MUTWILLIGE UND FRECHE WORTE** Sorge trägt und sich bekümmert, der sei gebenedeit.

73. Wie der Papst diejenigen billig **MIT UNGNADE UND BANN** schlägt, die zu Nachteil des Ablaßgeschäfts irgendwie betrüglich handeln;

74. So viel mehr trachtet er, diejenigen mit Ungnade und Bann zu schlagen, die unter dem Vorwand des Ablasses **ZUM NACHTEIL DER HEILIGEN LIEBE UND WAHRHEIT** handeln.

75. Des Papstes Ablaß so hoch halten, daß er einen Menschen absolvieren oder von Sünden los machen könnte, wenn er gleich (unmöglicher Weise zu reden) die Mutter Gottes geschwächt hätte, ist **RASEND UND UNSINNIG** sein.

76. Dagegen sagen wir, daß des Papstes Ablaß **NICHT DIE ALLERGERINGSTE TÄGLICHE SÜNDE** hinwegnehmen könnte, so viel die Schuld derselben belangt.

77. Daß man sagt, St. Peter, wenn er jetzt Papst wäre, vermöchte nicht größeren Ablaß zu geben, ist eine **LÄSTERUNG** wider St. Petrum und den Papst.

78. Dawider sagen wir, daß auch dieser und ein jeder Papst größeren Ablaß hat, nämlich das Evangelium, Kräfte, Gaben, **GESUND ZU MACHEN** u.s.w.

79. Sagen, das Kreuz, mit des Papstes Wappen **HERRLICH AUFGERICHTET**, vermöge so viel als das Kreuz Christi, ist eine Gotteslästerung.

80. Die Bischöfe, Seelsorger und Theologen, die da leiden, daß man solche Reden vors Volk bringen darf, werden **DAFÜR EINST RECHENSCHAFT GEBEN MÜSSEN.**

81. Solche freche und unverschämte Predigt und Ruhm vom Ablaß macht, daß es selbst den Gelehrten schwer wird, des Papstes Ehre und Würde gegen die Verleumdung oder doch **VOR DEN SCHARFEN LISTIGEN FRAGEN** des gemeinen Mannes zu verteidigen.

82. Als zum Beispiel: Warum entledigt der Papst nicht alle Seelen zugleich aus dem Fegefeuer **UM DER ALLERHEILIGSTEN LIEBE WILLEN** und von wegen der höchsten Not der Seelen, welches doch die allerwichtigste Ursache ist, während er unzählig viel Seelen erlöst **UM DES ELENDEN GELDES WILLEN** für St. Petrus Münster, welches doch die geringfügigste Ursache ist?

83. Item: Warum bleiben die Begängnis- und Jahrzeit der Verstorbenen stehn, und warum gibt er nicht wieder oder vergönnt zurückzunehmen die Pfründen, **DIE DEN TOTEN ZU GUT GESTIFTET SIND**, da es nunmehr doch unrecht ist, für die schon Erlösten zu beten?

84. Item: Was ist das für eine neue Heiligkeit Gottes und des Papstes, daß sie den Gottlosen und dem Feind um des Geldes willen vergönnen, eine fromme und gottgetreue Seele **ZU ERLÖSEN**, und wollen doch nicht vielmehr um der großen Not derselben gottesfürchtigen und geliebten Seele willen sie **AUS LIEBE** umsonst erlösen?

85. Item: Warum werden die Satzungen von der Buße, die nun längst in ihnen selbst mit der Tat und **DURCH IHREN NICHT-GEBRAUCH ABGETAN UND TOT SIND**, noch mit Geld gelöst durch Vergönnung des Ablasses, als wären sie noch in Kraft und lebendig?

86. Item: **WARUM BAUT JETZT DER PAPST NICHT LIEBER ST. PETERS MÜNSTER VON SEINEM EIGENEN GELDE ALS VON DER ARMEN CHRISTEN GELDE**, weil doch sein Vermögen sich höher erstreckt, als des reichsten Crassus Güter?

87. Item: Was erläßt oder teilt der Papst durch seinen Ablaß diesem mit, welche durch **VOLLKOMMENE REUE** schon zu einer vollständigen Vergebung und Ablaß berechtigt sind?

88. Item: Was könnte der Kirche Besseres widerfahren, als wenn der Papst, wie er's jetzt nur einmal tut, also hundertmal im Tage jedem Gläubigen **DIESE VERGEBUNG** und Ablaß schenkte?

89. Wenn der Papst der Seelen Seligkeit mehr durch Ablaß denn **DURCHS GELD** sucht, warum hebt er denn vormals gegebene Ablaßbriefe auf und erklärt sie außer Kraft, so sie doch gleich kräftig sind?

90. Diese sehr spitzigen Fragen der Laien **BLOß MIT GEWALT DÄMPFEN** und nicht durch angezeigten Grund und Ursach auflösen wollen, heißt die Kirche und den Papst den Feinden zum Spott und die Christen unselig machen.

91. Darum, wenn der Ablaß nach des Papstes **SINN UND MEINUNG** gepredigt würde, wären diese Einreden leichtlich zu verantworten, ja sie wären nie vorgefallen.

92. Mögen daher alle Propheten hinfahren, die da sagen zu der Gemeinde Christi: **FRIEDE, FRIEDE! UND IST DOCH KEIN FRIEDE** (Hesekiel 13,10,16.)

93. Aber wohl alle den Propheten, die da sagen zu der Gemeinde Christi: **KREUZ, KREUZ! UND IST DOCH KEIN KREUZ.**

94. Man soll die Christen ermahnen, daß sie Christo, ihrem Haupte, durch **KREUZ, TOR UND HÖLLE** nachzufolgen sich befleißigen.

95. UND ALSO MEHR **DURCH VIEL TRÜBSAL ALS DURCH FALSCHEN FRIEDEN** INS HIMMELREICH EINZUGEHEN SICH GETRÖSTEN.

MIX
Papier aus verantwortungsvollen Quellen
FSC® C014496
FSC
www.fsc.org

ISBN 978-3-355-01841-8

UMSCHLAG UND KONZEPT: BUCHGUT, BERLIN
DRUCK UND BINDUNG: GGP MEDIA GMBH, PÖSSNECK

DIE BÜCHER DES VERLAGS NEUES LEBEN
ERSCHEINEN IN DER EULENSPIEGEL VERLAGSGRUPPE.

WWW.EULENSPIEGEL-VERLAGSGRUPPE.DE